Albert Bichler

Viel Freude im Ruhestand

Mit Fotografien von Andrea Göppel

Pattloch

Jetzt ist sie endlich da, die Zeit,
auf die du dich so gefreut hast,
die Zeit, von der du so lange geträumt hast,
eine Zeit zum Ausruhen,
Entspannen und Nichtstun.
Nutze diese Zeit für dich,
sie gehört dir, dir allein.
Die gewonnene Zeit
ist ein Geschenk.

4735

*Herzlichen Glückwunsch
zu deinem Ruhestand!
Widme dich den Dingen,
die dir Freude machen.
Suche dir Beschäftigungen,
die dich körperlich und geistig fordern.
Es ist gut für dich,
wenn du aktiv bist,
mache aber deinen Ruhestand
nicht zu einem Un-Ruhestand.*

„Wir sollten jeden Tag
neues Leben beginnen.“
Edith Stein

Endlich bist du frei,
frei von den Pflichten
und Lasten deines Berufes.
Die Arbeit war dir viele Jahre
sehr wichtig,
sie war dein Lebensinhalt.
Nun kannst du dich
neuen Aufgaben zuwenden
und Dinge tun,
die dich bereichern.
Freue dich darauf.

Jetzt wirst du nicht mehr verplant,
gehetzt und getrieben.
Viele beneiden dich um deine neue Freiheit.
Schenke sie denen,
die sich am meisten darüber freuen.
Widme dich deiner Familie,
deinen Kindern und Enkelkindern.
Sie mussten dich immer entbehren.
Jetzt hast du endlich für sie Zeit.
Sie werden es dir danken
und dich glücklich machen.

Jeder Tag ist kostbar,
besonders jetzt im Ruhestand.
Vergeude keinen Tag mit Trübsinn.
Gib jedem Tag ein Ziel,
einen Sinn.
Fülle ihn aus mit Aufgaben,
die dich und andere
glücklich machen.
Mache jeden Tag
zu einem Glückstag.

Zu deinem Ruhestand
hast du viele Glückwünsche bekommen.
Einen guten Wunsch
möchte ich dir noch mitgeben:
Schau nicht wehmütig zurück
auf die Zeit,
die hinter dir liegt.
Ziehe einen Strich unter
den vergangenen Lebensabschnitt.
Sei offen für das Neue,
das dich erwartet.

Jetzt hast du viel Zeit für dich.
Sie ist ein Geschenk,
um das dich viele beneiden.
Wende dich ganz neuen Herausforderungen zu.
Entfalte die musischen Fähigkeiten,
die in dir schlummern.
Vielleicht lernst du ein Musikinstrument
oder singst in einem Chor.
Die Musik wird dich verzaubern,
frei machen und bereichern.
Werde glücklich mit der Welt der Musik.

ATERIA
TUC

Im Ruhestand
ändert sich vieles,
auch dein Tagesprogramm.
Jetzt kannst du morgens lange schlafen
und musst nicht auf die Uhr schauen.
Finde deinen neuen Tagesrhythmus.
Setze dir Ziele,
die jedem Tag einen Sinn geben.
Langeweile ist ein Zustand,
der dich krank macht.
Nutze deine Zeit und bleibe in Bewegung.

Jetzt musst du dir und anderen

nicht mehr beweisen,

wie tüchtig du bist,

dass du ihnen überlegen bist.

Wende dich Menschen zu,

die schwächer sind als du.

Sie warten auf dich,

gerade auf dich.

Schenke ihnen deine Zeit.

Das wird dich glücklich machen.

Mit dem Ruhestand bist du
in einen neuen Lebensabschnitt eingetreten.
Du kannst zurückschauen
auf ein langes Berufsleben.
Voll banger Sorge fragst du dich:
Was kommt jetzt?
Wie geht es weiter?
Werde ich noch gebraucht?
Hab keine Angst:
Dein Leben hat auch
ohne Arbeit einen Sinn.
Du musst ihn nur entdecken.

Der Ruhestand ist zu schade

zum Grübeln und Traurigsein.

Er ist eine Chance für dich

und eröffnet dir

neue Wege,

neue Ziele,

neue Freuden.

Mache ihn zu einer erfüllten

und glücklichen Zeit.

Im Ruhestand sollst du dich ausruhen

von deinem langen Berufsleben.

Verfalle aber nicht

in völlige Tatenlosigkeit.

Nutze deine Kräfte,

um anderen zur Seite zu stehen.

Sei ihnen ein guter Engel.

Sie werden es dir danken.

Du hast Abschied genommen

von deinem Arbeitsplatz.

Jüngere sind an deine Stelle getreten.

Das ist ein ganz natürlicher Prozess.

Freue dich,

wenn andere dein Werk

in deinem Sinne fortsetzen.

Vor dir liegen neue Aufgaben.

Du kannst das Rad der Zeit
nicht zurückdrehen.
Miss dich nicht mit der Jugend,
sonst bist du enttäuscht.
Lerne dich anzunehmen
mit allen Einschränkungen,
Schwächen und Beschwerden.
Setze dir Ziele,
die du erreichen kannst.
Fordere deinen Körper und Geist,
aber überfordere dich nicht.
Sei dankbar für alles,
was dir möglich ist.

Noch nie hattest du
so viel Zeit, um dich zu freuen
an den vielen kleinen Dingen um dich herum.
Du kannst sie jeden Tag entdecken.
Öffne deine Augen
für die Wunder der Schöpfung.
Das muss nicht immer
ein Sonnenuntergang am Meer sein.
Freue dich an den Blumen in deinem Garten
und an dem Vogel vor deinem Fenster,
oder am Lächeln eines Kindes.

Dein neuer Lebensabschnitt
beginnt mit einem Abschied.
Das ist kein Grund
zur Wehmut und Traurigkeit,
sondern zu großer Dankbarkeit.
Blicke frohen Herzens zurück
auf alles, was dir geschenkt wurde,
was du erreicht hast.
Freue dich auf das,
was vor dir liegt.

In deinem Berufsleben
hast du viel geleistet.
Man hat dich gelobt
für deine Tüchtigkeit und deinen Fleiß.
Du hast aber
noch viele andere Fähigkeiten,
die in dir schlummern.
Entfalte sie
in deinen Hobbys.
Entdecke,
wie kreativ du bist.
Vielleicht steckt
ein kleiner Künstler in dir.

Das Leben hat es dir

nicht immer leicht gemacht.

Du bist gegangen

durch Höhen und Tiefen.

Vieles ist dir gelungen,

oft warst du enttäuscht.

Freue dich über die

hellen Tage deines Lebens

und sei dankbar.

Im Ruhestand möge dich stets
ein guter Engel begleiten
und durch die Zeit führen,
die vor dir liegt.
Er möge dir den Platz zeigen,
wo du Menschen nahe sein kannst.
Und er möge dir die Augen öffnen
für ihre Sorgen und Nöte.
Anderen zu helfen wird dich
glücklich machen.

Bibliografische Information: Deutsche Nationalbibliothek
Die Deutsche Nationalbibliothek verzeichnet diese Publikation in der Deutschen Nationalbibliografie; detaillierte bibliografische Daten sind im Internet über http://dnb.d-nb.de abrufbar.

Gesamtgestaltung:	*Greenstuff, Iris & Jochen Grün, München; www.greenstuff.de*
Umschlagfoto:	*getty images/Red Cover/Jumping Rocks*
Lektorat:	*Michaela Schachner, Pattloch Verlag*
Druck und Bindung:	*Offizin Andersen Nexö, Leipzig*
	Printed in Germany

05 04 03 02 01

ISBN 978-3-629-10435-9

www.pattloch.de

In dieser Reihe ebenfalls erschienen:

Gute Besserung

ISBN 978-3-629-10402-1

Ein Engel beschütze dich

ISBN 978-3-629-10404-5

Glück und Gesundheit

ISBN 978-3-629-10403-8